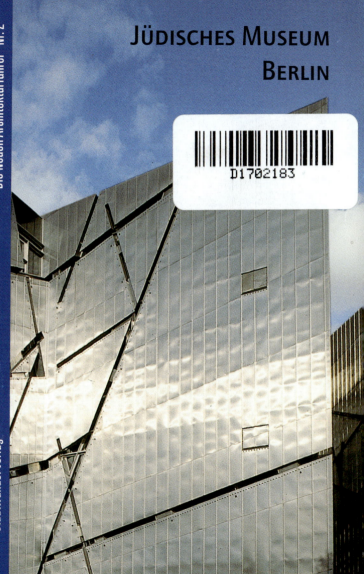

Jüdisches Museum Berlin

Die Neuen Architekturführer Nr. 2

Stadtwandel Verlag

JÜDISCHES MUSEUM BERLIN
BERLIN (1992 – 1999), LINDENSTRASSE 9-14, BERLIN-KREUZBERG
ARCHITEKTUR: DANIEL LIBESKIND

Vorhaben

Am Anfang stand die Idee eines Erweiterungsbaus. Das Berlin-Museum in der Lindenstraße von Kreuzberg wollte seine jüdischen Sammlungen an einem anderen Ort unterbringen. Das Berlin-Museum ist eine jüngere Gründung, entstanden erst 1962, nach dem Berliner Mauerbau, als Ostberlins Märkisches Museum für die Westberliner nicht länger zugänglich war. Sieben Jahre nach seiner Eröffnung und nach der vorübergehenden Unterbringung in zwei Provisorien zog das Museum in das Gebäude des Alten Kammergerichts an der Lindenstraße; errichtet hatte es einst Heinrich von Gerlach, Hofbaumeister des preußischen Soldatenkönigs Friedrich Wilhelm.

Die barocke Drei-Flügel-Anlage, im II. Weltkrieg zerstört und in den sechziger Jahren wieder aufgebaut, erwies sich bald als zu eng. Von den jüdischen Sammlungen wurde ein großer Teil ausgelagert, in den nahen Martin Gropius-Bau verbracht, wo sie in einem oberen Stockwerk eher unauffällig residierte. Da hieß es schon Jüdisches Museum, unterstand aber weiterhin der Administration des Berlin-Museums. In den achtziger Jahren entschloss sich die Stadt, dem Jüdischen Museum einen eigenen Gebäudetrakt zu widmen. Man schrieb einen internationalen Wettbewerb aus, der im Juli 1989 entschieden wurde; den ersten Preis erhielt der aus Polen stammende und in den USA lebende Architekt Daniel Libeskind.

Biografie

Er wurde 1946 geboren, als das Kind jüdischer Eltern, seine Heimatstadt ist die polnische Industriestadt Lodz. Nach seinem Schulabschluss begann der begabte Pianist Musik zu studieren. Er emigrierte, zunächst nach Israel,

Titelbild:
Kerben durchziehen die Fassade des Jüdischen Museums und lassen es geborsten erscheinen wie nach einer ungeheuren Erschütterung. In den Kerben sitzen Fenster.

Wie ein Blitz fährt der gezackte Bau des Jüdischen Museums in die Stadt. Das kremfarbene, U-förmige Haus rechts neben ihm ist das barocke Berlin-Museum, dessen Erweiterung das Jüdische Museum ursprünglich sein sollte. Links steht der Holocaust-Turm, davor liegt der Exilgarten mit seinen schrägen Betonstelen. Im Hintergrund rechts das GSW-Hochhaus, ganz links der grüne Würfel der DaimlerChrysler Services am Potsdamer Platz.

wo er seine musikalische Ausbildung fortsetzte; 1960 ging er nach New York. Er wechselte das Studienfach. Er belegte jetzt Mathematik, Malerei und schließlich Architektur. Er schloss ab mit dem Bachelor-Examen und studierte weiter in England, wo er sein Magister-Examen bestand, mit einer Arbeit über »Imagination and Space«, Vorstellung und Raum.

Er wurde Lehrer an verschiedenen Hochschulen Großbritanniens und der USA, erhielt 1985 einen Preis bei der Kunst-Biennale in Venedig und beteiligte sich 1987 an der Internationalen Bauausstellung in Berlin. Damit war er an jenen Ort gelangt, der ihn bald am nachdrücklichsten beschäftigen würde.

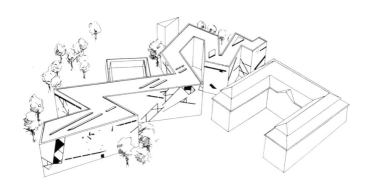

Richtung U-Bhf.
Kochstraße

Richtung
Friedrichstraße

Richtung U-Bhf.
Hallesches Tor

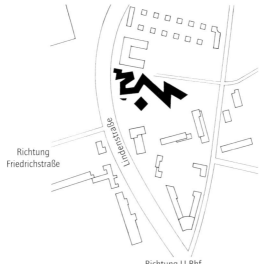

Daniel Libeskind geht nicht vorrangig von bauästhetischen Vorstellungen aus. Ohnehin sieht er (oder sah er lange Zeit) die Architektur kulturgeschichtlich am Ende: »Das bloße Wort Architektur hat alles Ansehen verloren«, schrieb er. »Der gewöhnliche Architekt ist tot.« Diese Art von höhnischem Kulturpessimismus deckte sich mit Gedanken der gegenwärtig in Frankreich virulenten philosophischen Mode. Man nennt sie Dekonstruktivismus, und ihr bekanntester Vertreter, Jacques Derrida, ist zumal in den USA höchst populär. Dass Libeskind ihn gründlich zur Kenntnis nahm, scheint evident.

Libeskind entschloss sich, am architektonischen Aufbau Berlins nach dem Fall der Mauer teilzunehmen. Seine kulturphilosophisch begründeten Ansätze machten ihn im Kreis der hurtigen Praktiker um den damaligen Berliner Stadtbaudirektor Hans Stimmann zu einem schrillen Exoten. Der Zusammenstoß war unausweichlich, und als er geschah, auf öffentlichen Foren, bei publizistisch ausgetragenen Kontroversen um bestimmte Bauvorhaben, produzierte das eine Menge Aufsehen. Beim architektonischen Establishment Berlins galt Libeskind (hinter vorgehaltener Hand) als ein Hochstapler: Noch niemals habe er ein Haus gebaut, weil er das nämlich gar nicht könne, und bloß wegen seiner jüdischen Herkunft dürfe man ihm nicht so offensiv begegnen, wie man möchte und wie das eigentlich geboten sei.

Diesen fahrlässigen, wo nicht heimtückischen Einwänden steht das Projekt des Jüdischen Museums entgegen, für das Daniel Libeskind bereits 1989 den Zuschlag erhielt, lange vor dem Beginn jener Debatte.

Außenseiter

Es gibt Architekten, die viel mehr theoretisiert als gebaut haben, was ihre außerordentliche Wirkung und Nachwirkung keinesfalls behindert, vielleicht sogar befördert hat. Der Österreicher Adolf Loos gehört zu ihnen, Schüler und gleichermaßen Überwinder des architektonischen Jugendstils;

Die Skizze oben zeigt wie das Foto auf der vorigen Seite den Altbau des Berlin-Museums, rechts neben dem Neubau des Jüdischen Museums. Dessen gezackter Grundriss ist auf dem Lageplan unten hervorgehoben und wurde auch als gebrochener Davidstern gedeutet.

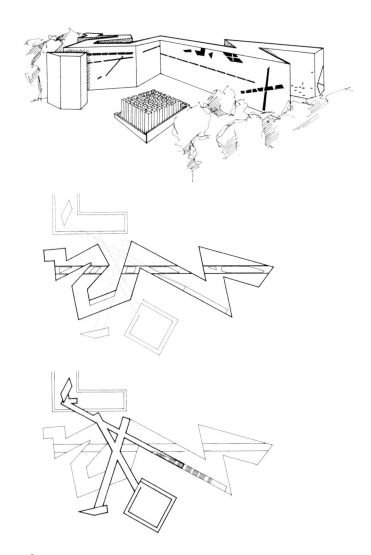

er kehrte zurück zur Einfachheit des Klassizismus und wurde eine der Leitfiguren des modernen Bauens.

Es gibt Architekten, die niemals eine klassische Baumeisterkarriere durchliefen und dennoch mehr gebaut haben als mancher hauptberufliche Architekt. Der Österreicher Friedensreich Hundertwasser zählt dazu, von Hause aus Kunstmaler; er kommt aus der Tradition von Gustav Klimt und Egon Schiele und wurde bekannt für seine aus Spirallinien herauswachsenden Figurinen. 1985 begann er, sich dem Häuserbau zuzuwenden. Völlig dem Stil seiner Malerei folgend, löst er seine Gebäudekonstruktionen auf in weiche fließende Linien, es gibt bei ihm kaum einen rechten Winkel, seine Gebäude erinnern an pflanzliche Gebilde und ähneln darin den architektonischen Erfindungen des Katalanen Antonio Gaudí. Hundertwasser wurde als Architekt mindestens so erfolgreich wie als Kunstmaler.

Der österreichisch-englische Philosoph Ludwig Wittgenstein, einer der einflussreichsten Denker des 20. Jahrhunderts, hat als junger Mensch in Wien ein Wohnhaus entworfen und ausführen lassen. Es darf als ein schönes Exempel der architektonischen Moderne gelten und erinnert an die etwa zeitgleichen Arbeiten des gebürtigen Wieners Richard Neutra.

Dass sich in unserer Aufzählung die Österreicher drängen, ist bloßer Zufall. Vergleichbare Beispiele ließen sich auch aus anderen Kulturkreisen beibringen. Weder die Theorielastigkeit noch der Seiteneinstieg noch die relative Praxisferne jedenfalls sind ein triftiges Argument gegen den Architekten Daniel Libeskind.

Linien

Er nannte sein Projekt für das Jüdische Museum »Between the Lines«, zwischen den Linien. Fortan wollen wir seinen Gedanken folgen, wie irritierend

Links auf der oberen Zeichnung liegt der Holocaust-Turm, davor der Exilgarten. Zu beiden führen Gänge, die sich im Untergeschoss des Museums kreuzen (untere Skizze). Ein dritter Gang führt über eine Treppe in die Ausstellungsetagen des Museums. Sein gezackter Grundriss symbolisiert die wechselhafte deutsch-jüdische Geschichte. Dieser »Blitz« (mittlere Skizze) ist an fünf Stellen von einem geraden Band durchzogen. An diesen Stellen liegen die »Voids«. Das sind unzugängliche, leere Räume, die für jene Leere stehen, die die vertriebenen und ermordeten Juden in Deutschland hinterlassen haben.

sie manchmal erscheinen mögen, doch Irritationen gehören zu Libeskind; außerdem ist es so, dass er seine bizarren theoretischen Exkurse braucht, um schließlich zu konkreten Bauplänen zu gelangen. Er geht aus von zwei Linien, will heißen: zwei Strömen von Gedanken und Beziehungen. Auch hier findet sich wieder der intensive Umgang mit der Bedeutung und Deutbarkeit von Zeichen:

»Die eine Linie ist gerade, aber in viele Fragmente zersplittert, die andere Linie windet sich, setzt sich jedoch unendlich fort... Sie fallen auch auseinander, lösen sich voneinander und werden als getrennt gesehen. Auf diese Weise decken sie eine Leere auf.«

Die Linie, als fortlaufendes Zeichen oder in Gestalt einer angedeuteten oder vollzogenen Brechung, ist Libeskinds bevorzugte Figur. Er hat sie erstmals 1988 beschrieben, als »Line of Fire«, Feuerlinie; damals saß er vermutlich schon über den Entwürfen für das Jüdische Museum, und es wird zu sehen sein, dass er auch späterhin immer wieder damit hantiert.

Wie er damit im Falle des Jüdischen Museums verfuhr, weist zunächst der Grundriss aus (Plan S. 6). Er zeigt eine neunfach gebrochene Doppellinie, eine Zick-Zack-Figur, die man emblematisch gedeutet hat, als aufgefalteten Davidstern. Betrachtet man den Grundriss des Untergeschosses, stellt sich der Eindruck einer völligen Zersplitterung, einer Kollision, eines Scherbenhaufens her.

Eine Linie macht noch keine Architektur, sie ist allenfalls deren Hilfsmittel. Genau genommen zeigt der Grundriss so etwas wie einen gebrochenen Streifen oder ein geknicktes Band. Nun lässt sich die besondere Figur des Grundrisses ohnehin lediglich auf Zeichnungen oder bei Betrachtungen aus großer Höhe erkennen. Es war ein vor dem Baubeginn vielfach geäußerter Einwand, Libeskinds Symbolsprache teile sich dem gewöhnlichen Beschauer nicht mit, sie sei ein überhaupt nur auf Blaupausen vermittelbarer (und auf Jurymitglieder zielender) Effekt. Dieser Einwand klingt einleuchtend, ist aber schwerlich zu halten.

Von außen läßt die Fassade keinen Schluss zu auf Stockwerke, Treppenhäuser und Flure. Nur die Kreuz-Fenster rechts im Bild erinnern den Betrachter an Bekanntes.

Natürlich wird jemand, der heute dem fertigen Gebäude gegenübersteht, dessen Grundriss nicht einfach ablesen können. Dies geschieht hier so wenig, wie sich der Grundriss des Kreuzes bei mittelalterlichen Kathedralen ohne weiteres erkennen lässt – der gleichwohl einen besonderen und unverwechselbaren Charakter stiftet, eine spürbare Aura, und dies selbst dann, wenn die gestalterischen Prinzipien und mathematischen Geheimnisse, die den mittelalterlichen Entwürfen zugrunde liegen, nicht wahrgenommen oder nicht gewusst werden.

Libeskinds Beschäftigung mit der Linie setzt sich in dem Gebäude überall fort. Es gibt sie als lange Kerben in den Außenfronten (Bild S. 9), die den Eindruck vermitteln, als seien die Wände gerissen, unter einem Zuviel an Spannung oder unter einer unerträglichen Erschütterung. Es gibt sie im Inneren, wo sie als unvermutete Blickfänge erscheinen oder als Kanten, die unser Auge auf eine fast schmerzliche Weise irritieren, da es an die Regelmäßigkeit des Rechtecks gewöhnt ist und an das von Wasserwaagen diktierte Ebenmaß.

Zeichnung

Daniel Libeskind hat sich, außer in Aufsätzen und Vorlesungen, der Architektur auch über die Zeichnung genähert. 1980 veröffentlichte er unter dem Titel »Microgemas«, drei Jahre später unter dem Titel »Chamber Works« (Kammerarbeiten) Architekturskizzen, die keinem realen oder realisierbaren Bauwerk zuarbeiten, sondern experimenteller Selbstzweck blieben. Sie widmen sich den Beziehungen zwischen Linie und Fläche und vermögen den Blick ebenso zu binden wie zu verunsichern. Man hat sie mit den surrealen Zeichnungen von Maurits Cornelis Escher verglichen, der seinerseits ursprünglich ein Architekturstudent gewesen ist.

Der junge Libeskind bewegt sich in einer kunsthistorischen Umgebung, die sich außer durch Eschers populär gewordene Verwirrspiele mit den surrealen Architekturen auf den Bildern de Chiricos und den Arbeiten

Blick vom Exilgarten auf den Holocaust-Turm und die Museumsfassade. Hier verrät sie, wie es innen aussieht: Hinter den Fenstern liegen die Verwaltungsbüros.

der russischen Konstruktivisten und Suprematisten charakterisieren lässt. Auch Tatlins und El Lissitzkys himmelstürmende Entwürfe sind nie verwirklicht worden, was wohl nicht allein an ihrer formalen Kühnheit lag, mit der sie Stalins Kleinbürgergeschmack überforderten, vielmehr gehören sie in die lange Tradition der von vornherein unmöglichen Architekturen, für die Giovanni Battista Piranesis »Carceri« das sozusagen klassische Beispiel abgeben. Auch Piranesi war ein Architekt, und zwar einer, der seine Konstrukte lieber im Kopf baute und deswegen auf dem Zeichenblatt beließ, so wie Escher. Daniel Libeskind ging den gegenläufigen und vielleicht viel riskanteren Weg, seine eigentlich unmöglichen Entwürfe am Ende doch möglich machen zu wollen.

Tiefgeschoss

Das Berliner Jüdische Museum hat keinen von außen sichtbaren Eingang, sieht man ab von einer schmalen, fast nicht erkennbaren Tür für das technische Personal. Das Publikum muss das Gebäude vom Berlin-Museum her betreten. Auf diese Weise wurde der ursprüngliche Auftrag, einen Erweiterungsbau herzustellen, auf eine sozusagen direkte und unwiderlegliche Art realisiert. Wir wollen uns diesem Weg anschließen. Er wird auch von der Entstehung dieses ungewöhnlichen Bauwerks erzählen. Gute Architekten bauen stets von innen nach außen, will heißen: Die Benutzung bestimmt die Gestalt, und die Form folgt der Funktion. Für Daniel Libeskind gilt das hier wie sonst in spezieller Weise.

Der für das Publikum bestimmte Eingang liegt unter der Erde. Um vom preußischen Barock Heinrich von Gerlachs und dem freundlichen Biedermeier der dort untergebrachten Exponate in den Libeskindbau zu gelangen, muß man sich in die Tiefe begeben. Die beiden Bauwerke bleiben derart aneinander gefesselt, das eine möchte des anderen beklemmende Fortsetzung sein.

Das Grundgeschoss des Jüdischen Museums bietet Raum für besondere Veranstaltungen und für Sonderschauen; man wird hier außerdem Vor-

Zwischen den Betonstelen im Exilgarten: Der Eindruck trügt nicht, sie stehen schräg und auf schrägem Grund. Auf ihnen wachsen Sträucher zu einem grünen Dach zusammen.

tragsabende ausrichten, Lesungen und Versammlungen etwelcher Art. Der Gang, der dorthin führt, hat in die Mauern eingelassene Vitrinen. Es stehen Exponate in ihnen. Ein wenig erinnert das an Katakomben in christlichen Kathedralen, wo derartige Vitrinen die Kostbarkeiten des Kirchenschatzes aufbewahren und vorzeigen. Aber dies hier ist alles andere als ein christliches Bauwerk. Im Grundgeschoss kreuzen sich zwei Gänge (Bild S. 19). Dies geschieht nicht im rechten Winkel. Auch dabei ist die Erinnerung an Christliches ebenso rasch beschworen, wie sie abgewehrt werden muss. Einer dieser Gänge will den Weg der Judenheit dieses Jahrhunderts in die Emigration symbolisieren. Der Boden verläuft nicht waagerecht, sondern schräg. Der Anstieg, der zu vollziehen ist, möchte wohl etwas von Anstrengung mitteilen, die jeder Anstieg auch bedeutet, ebenso die Rückkehr aus der Tiefe und der Dämmerung in das Licht. Am Ende befindet sich eine transparente Tür. Sie führt hinaus in den Garten des Exils, der beherrscht wird von einem kleinen Wald aus Betonpfeilern (Bild S. 16/17). Sie sind weit über mannshoch. Quadratisch in ihrem Grundriss, sind sie gleich groß und stehen zueinander in gleichen Abständen. Man kann zwischen ihnen umher gehen. Auch der Grund, auf dem sie stehen, ist angeschrägt, so dass man, auf ihm gehend, den falschen Eindruck erhält, die Pfeiler stünden lotrecht. Oben auf ihnen wächst Gesträuch. In Frühling und Sommer, wenn sich die Blätter entfalten, entsteht so ein förmlicher Laubbaldachin. Er vermag Assoziationen an eines der jüdischen Feste zu erwecken, Sukkot, das Laubhüttenfest, begangen fünf Tage nach Jom Kippur, dem Versöhnungsfest. Sukkot erinnert an die vierzigjährige entbehrungsreiche Wanderung des Volkes Israel durch die Wüste, da die aus Gesträuch hergestellten Unterkünfte der einzige Schutz waren.

Gruppenbild

Daniel Libeskind gehört zu den Dekonstruktivisten, also jenen Architekten, die den einfachen geometrischen Kubaturen der bisherigen Baukunst misstrauen und sie aufzulösen trachten. (Ihre Motive sind Überdruss an der Konvention, Experimentierlust im Hinblick auf die neuen technischen Möglichkeiten und, natürlich, ein beträchtliches Maß an Geltungssucht.) Sie begeben sich in einen ständigen Konflikt mit der Statik und irritieren die Betrachter durch ihren radikalen Traditionsbruch, der Schrägen anbietet, wo die Gewohnheit und die statische Routine die Senkrechte verlangen.

Ein berühmter Vertreter ist der Nordamerikaner Frank O. Gehry, dessen Gebäude häufig den Eindruck erwecken, sie fielen demnächst in sich zusammen: Wände kippen nach vorn, Fassaden hängen schief, Mauern greifen schräg ins Leere. Gehry baute zum Beispiel ein auffälliges Haus am Prager Moldauufer und das Kunstmuseum im baskischen Bilbao. In Berlin errichtet er am Pariser Platz ein Bankgebäude, das seinen ziemlich wüsten Dekonstruktivismus allerdings nur in seinem Inneren vorzeigt.

Elderman der Gruppe ist ein anderer Nordamerikaner, Philip Johnson; von ihm steht in Berlin am Checkpoint Charlie ein dekonstruktivistisches Bürohaus. Andere, jüngere Vertreter der Richtung sind Coop Himmelblau aus Österreich und der Amerikaner Peter Eisenman.

Mit Eisenman verbindet Libeskind eine alte und enge Beziehung. Eisenman hat sich frühzeitig zu Libeskinds Architekturzeichnungen als Publizist geäußert, und es ist auffällig, wie sehr die Betonstelen Libeskinds am Jüdischen Museum den Betonstelen des Eisenman-Entwurfs für ein Berliner Holocaust-Denkmal ähneln.

Dessen ungeachtet macht die unbedingte Zuordnung Daniel Libeskinds zu den Dekonstruktivisten einigen Kommentatoren Probleme. Nicht zu unrecht weisen sie hin auf die verblüffende Nähe der Libeskind-Entwürfe zu den Bildern des deutschen Expressionismus, die es auch zu einigen architektonischen Ehren gebracht haben, wiewohl bloß als Filmkulissen, etwa im Spielfilm »Cabinet des Dr. Caligari« von 1920. »Von Caligari zu Hitler« hieß eine berühmte kulturgeschichtliche Untersuchung Siegfried Krakauers. Unverhofft befinden wir uns wieder in geistiger Nähe zur Architektur des Jüdischen Museums.

Mittelseiten: Drei Bauteile, drei Schicksalswege – Das Ausstellungshaus steht für das Leben der deutschen Juden, der Exilgarten mit seinen Betonsäulen symbolisiert das Exil, und dahinter steht der Holocaust-Turm.

Funktionalität

Museen sind Zweckbauten. Sie sollen Exponate aufnehmen und bestmöglich zur Geltung bringen. In Berlin stehen etliche eigens für museale Zwecke errichtete Gebäude, die von Schinkel und Stüler etwa oder die Neue Nationalgalerie am Kulturforum, die der Bauhausarchitekt Ludwig Mies van der Rohe entwarf. Sie kommt mit ihrer klaren Geometrie, ihrem großen Anteil von Glasflächen dem ihr zugedachten Zweck in einem hohen Maße entgegen. Sie bietet einfach gegliederte Innenräume an, mit guten Lichtverhältnissen, und nimmt sich in der Innenausstattung völlig zurück. Gleichwohl ist sie, in der Übereinstimmung von Form und Funktion, ein Bauwerk von starkem ästhetischem Reiz und gilt rechtens als ein Klassiker der modernen Architektur.

Daniel Libeskind verfährt völlig anders. Sein Jüdisches Museum will, schon vom Grundriss her, entschieden mehr sein als eine neutrale Ausstellungsfläche. Bis in die architektonischen Strukturen hinein formuliert es eine Aussage. Man hat es deswegen ein begehbares Emblem genannt. Man könnte es ebenso gut eine architektonische Skulptur nennen. Die Gefahr lag nahe, dass es damit zu einem in sich autonomen Kunstwerk würde, dessen einziger Zweck es selbst ist. Stattdessen geschah, und genau so war dies von Beginn an gedacht, dass es seine Exponate nicht einfach bloß aufnahm, sondern sie sich anverwandelte und nachdrücklich kommentierte.

Dass dies gelingen könne und gelingen würde, ließ sich an einem anderen, unmittelbar vorher entstandenen und eröffneten Bau Daniel Libeskinds ablesen. Er steht in Osnabrück. Es handelt sich um ein Museum für den aus dieser Stadt stammenden jüdischen Kunstmaler Felix Nussbaum. Die Architektursprache erinnert in vielem an das Berliner Jüdische Museum, außen wie innen, es gibt die abgeschrägten Plafonds und die angeschlitzten Wände. Hier ist zu sehen, wie die Architektur die ausgestellten Gemälde deutlich und wirksam ergänzt und umgekehrt die Bilder den Eindruck der Architektur verstärken. Wer das Felix-Nussbaum-Museum in Osna-

Die unterirdische Kreuzung: Der linke Gang führt zur Treppe und von dort zu den Ausstellungsräumen; aufs Ende des rechten Gangs fällt Licht aus dem Exilgarten. Der Quergang nach rechts endet im Holocaust-Turm.

brück kannte, musste sich um das Gelingen des Berliner Vorhabens nicht sorgen.

Rundgang

Die Ausstellungsräume, sieht man von dem Untergeschoss ab, befinden sich auf drei Etagen. Es existiert noch ein Dachgeschoss, wo die Büroräume der Verwaltung unterkamen. Von allen Teilen des Gebäudes ist es das traditionellste: An langen Gängen liegen Türen, die zu einzelnen Zimmern führen, die Zimmer selbst wirken nicht außergewöhnlich, auf den Gängen stehen Bürogeräte. Die drei Geschosse darunter haben den gleichen Schnitt. Sie ähneln einander auch in ihrer labyrinthischen Struktur, die sich aus dem Grundriss ergibt. Die unterschiedlichen Höhen der einzelnen Stockwerke und die jeweils abweichenden Anordnungen der Fenster schaffen wahrnehmbare Unterschiede.

Die Fenster wurden in die von außen erkennbaren Kerben eingepaßt. Wände und Böden sind, wie schon im Untergeschoss, unbehandelter Beton. Dies ist das Baumaterial von Adolf Hitlers Bunkern, auch das der Hitlerschen Staatsbauten in Nürnberg oder hier in Berlin, unter anderem. Der Fachausdruck für Sichtbeton lautet seit Le Corbusier *brutalisme*. Wer sich wie Libeskind darauf einlässt, Architektur als Sprache zu lesen, denkt vermutlich auch solche Assoziation mit.

Libeskind weiß, dass die Urfunktion aller Architektur umbauter Raum ist. Dessen Inhalt ist zunächst Leere und kann Leere bleiben. Durch das gesamte Gebäude des Jüdischen Museums ziehen sich, unvermutet herauswachsend aus den Wänden, polygonale Schächte, von Beton völlig ummantelt (Bild S 27). Sie wollen nichts anderes sein als konsequent verschlossene Leere, Libeskind nennt die Leere bei ihrem englischen Namen: *void*. Die Schächte sollen für ihn das versinnbildlichen, was den Ort, die Stadt, das Land in Hinblick auf das Thema, dem sich das Museum widmet, am stärksten kennzeichnet, eben die Abwesenheit, das Nicht-mehr-Vorhandensein von jüdischem Leben.

Die Treppe zu den Ausstellungsräumen ist eng und beklemmend und doch ein Ausweg aus dem Gang-Gewirr im Untergeschoss. Die Betonstreben halten das Treppenhaus.

Zu den einzelnen Stockwerken führt ein Treppenhaus, das am Ende des Kellers beginnt (Bild S. 21). Betonträger stützen es. Sie haben teilweise statische Funktion, aber auch sie wirken wie ein Stück angewandter Dekonstruktion. Die Treppe ist sehr schmal. Beklemmung stellt sich ein, sofern man sie nicht ohnehin mitgebracht hat aus dem Dämmer des Untergeschosses. Das Tageslicht fällt durch kleine Fensteröffnungen, von denen manche die Form eines christlichen Kreuzes haben (Bild S. 9). Noch mehr als von innen her wird diese Form von außen erkennbar, da sie eines der wenigen regelmäßigen und vertrauten Embleme ist zwischen den Kerben, die als Zeichen von Erschütterung und Verwüstung erscheinen. Man sieht sich aufgefordert, über die Zusammenhänge von Kreuz und Verwüstung zu grübeln. Man denkt nach über die Beziehungen zwischen Kirche und Holocaust.

Topografie
Die *voids* sind die wahrscheinlich nachdrücklichste Darstellung jener bauästhetischen Philosophie, die Daniel Libeskind für sich entwickelt hat.

Als er das Museum konzipierte, bediente er sich mehrerer Methoden der Annäherung.

Da gab es zunächst (immer aus seiner Optik) die Situation des künftigen Bauwerks inmitten einer unsichtbaren Topologie, hergestellt aus vielerlei Namen und Adressen. Es waren die Berliner Wohnorte Heinrich von Kleists, Heinrich Heines, Walter Benjamins, Mies van der Rohes und Paul Celans, zum Beispiel. Aus ihnen, formuliert Libeskind, ergebe sich »eine ganz bestimmte städtische und kulturelle Konstellation der Weltgeschichte«. Libeskind verband die Adressen im Stadtplan untereinander mit Geraden. Sie ergaben die Figur eines Sterns. Er gewann aus dieser Figur seinen Grundriss.

Ein anderer für ihn wichtiger Aspekt war musikalischer Art. Libeskind erinnerte sich der letzten Phrase in Arnold Schönbergs Fragment gebliebener Oper »Moses und Aron«: »Oh Wort, du Wort, das mir fehlt!« Dieser Satz wird nicht gesungen, sondern gesprochen. Der studierte Musikologe Libeskind sieht hierin eine Umschreibung von Leere, eben von *void*.

Ein dritter Aspekt war dann Walter Benjamins Prosaarbeit »Einbahnstraße«, in der Libeskind eine »städtische Apokalypse« sah (als die sie Ben-

Das Rafael Roth Learning Center präsentiert im Untergeschoss multimedial die deutsch-jüdische Geschichte. An diversen Computerterminals können sich die Besucher interaktiv mit diesem Thema befassen.

jamin keinesfalls gemeint hatte). Die Anzahl der Teile dieses zergliederten Textes finde sich wieder in der Anzahl der Abschnitte entlang des Gebäude-Zickzacks.

Man darf darüber nachdenken, ob eine derart komplizierte und manchmal kaum noch nachvollziehbare Literarisierung eines Architekturentwurfs nicht eine rettungslose Überforderung darstelle. Vermutlich ist sie das in der Tat. Für Libeskind aber war es offenbar die unerlässliche Voraussetzung zu seiner bauästhetischen Lösung. Dass die aus solchen Vorgaben erwachsene Anordnung ästhetisch funktioniert, ist nun, da das Gebäude steht, ganz unzweifelhaft.

Außenaspekt

Von der Kreuzberger Lindenstraße her ist das Jüdische Museum ein die Traufhöhe aller benachbarten Gebäude beträchtlich überragender Baukörper von ungewohnter und beunruhigender Monumentalität. Das barocke Gebäude des Alten Kammergerichts, dessen Erweiterung es sein sollte, lässt es hinter sich. Von der Straße her rücken beide Bauwerke nicht so eng zusammen, wie es der einstige Auftrag nahelegen mochte. Die Verbindung, wie man nun weiß, verläuft unterirdisch. Von der Straße her behauptet das Gebäude des Jüdischen Museums seine unbedingte Autonomie.

Zur Lindenstraße hin sind die Außenwände mit Zinkblech verkleidet. Es verleiht ihnen eine Wehrhaftigkeit, der durch die schräg verlaufenden Risse und Kerben alsbald widersprochen wird. Das scheinbare Fehlen von Fenstern und Türen vermittelt den Eindruck einer bedrohlichen Isolation und Abgeschlossenheit.

Das Gebäude steht in einer Gartenanlage. Über das Grün führen steinerne Wege, auf denen manchmal zufällig geformte Asphaltfladen kleben. Sie haben die zerfetzten Umrisse der Scharten in den Wänden. In den Rasen sind rechteckige Felder eingelassen, angefüllt mit Schotter. Die Assoziation zu Gräberfeldern stellt sich her.

Ein kleiner Teil des Gebäudes, der isoliert stehende, dem Holocaust gewidmete Turm mit seinem trapezförmigem Grundriss, ist von den Zinkblechverkleidungen frei (Bild S. 11). Hier gibt es nur mehr den nackten Beton. Es existieren Durchgänge, die keinen Zweck haben als sich selbst. Es gibt eine Treppe, die ins Nichts führt. Man darf es als Chiffre für Ziel- und Ausweglosigkeit lesen.

Der zwischen Monumentalität und nervösem Ernst oszillierende Charakter von Libeskinds Bauwerk, seine Größe, seine sonderbare Verletzlichkeit, seine beunruhigenden Disharmonien und unvermuteten Fluchtlinien basieren auf der linearen Unruhe des Grundrisses, dessen Metaphorik, der aufgelöste Judenstern, übrigens eher von anderen behauptet wurde als von seinem Erfinder.

Die Stelen des Gartens, die das Ziel der Emigration versinnbildlichen, ragen mit ihren Spitzen über eine Mauer hinweg (Bild S. 16/17). Von außen her ist der kleine Platz, an dem sie stehen, nicht betretbar. Von außen ist auch zu erkennen, wie sehr die Stelen sich neigen. Sie gemahnen an die Grabsteine auf jüdischen Friedhöfen.

Ausführung

Der Bau des Berliner Jüdischen Museums dauerte länger als geplant. Schon der Baubeginn verspätete sich um ein Jahr, der Grund waren vor allem baurechtliche Probleme; entsprechend später wurden die Arbeiten beendet. Ab Februar 1999 war das noch leere Gebäude der Öffentlichkeit bei Führungen zugänglich.

Die Schwierigkeiten während der siebenjährigen Bauzeit waren erheblich. Manches ursprüngliche Vorhaben, so die Parkettböden der Ausstellungsflächen, konnte nicht verwirklicht werden, da es die vorgegebenen Kosten überzog. Man war, wie bei anderen großen Bauvorhaben, zu Kompromissen gezwungen. Auftragsfirmen wurden gewechselt, weil sie vor den ihnen zugedachten Aufgaben kapitulierten oder weil sie in wirtschaftliche Schwierigkeiten gerieten.

Es wird berichtet, dass die in der Lindenstraße tätigen Bauarbeiter sich mit dem zunächst auch für sie völlig ungewohnten Vorhaben am Ende völlig identifizierten. Dies war für sie keine Tätigkeit wie eine andere. Die Arbeiter waren die ersten, die das neue Museum beeindrucken und überzeugen konnte.

Libeskinds Bau ist eine der herausragenden Architekturen, die es in Berlin gibt. Sie muß keinen Vergleich scheuen mit Hans Scharouns Philharmonie, dem sie in der Formensprache am ehesten ähnelt. Inzwischen spricht man bereits, wie bei Scharoun, von einem Jahrhundertbauwerk.

Konzepte

Die Debatte um die endgültige Zuordnung des Jüdischen Museums Berlin verlief zeitweilig recht quälend. Da am Anfang des gesamten Projektes ein Erweiterungsbau des Berlin-Museums gestanden hatte, beharrte die Politik auf einer entsprechenden administrativen Unterordnung noch zu Zeiten, da bereits alles für die völlige Trennung sprach.

Der zunächst berufene Gründungsdirekor, Amnon Barzel, ein ebenso fähiger wie streitlustiger Mann, wollte von Beginn an die konsequente Unabhängigkeit. Die städtische Verwaltung zeigte sich lange Zeit unwillig. Sie fürchtete um eingeführte Amtsprivilegien und Eitelkeiten. Barzel demissionierte. Sein Fortgang erregte ein großes, auch internationales Aufsehen. Die Stadt beeilte sich einen überzeugenden Nachfolger zu suchen. Sie fand ihn in W. Michael Blumenthal, einem jüdischen Deutschland-Emigranten, einem amerikanischen Industriellen und ehemaligen US-Finanzminister. Im Sommer 1998 erreichte Blumenthal die uneingeschränkte Selbstständigkeit des von ihm geleiteten Museums.

Danach hat er eine Runde aus Beratern von durchweg internationalem Rang berufen. Ein Kreis fest angestellter Mitarbeiter arbeitet im Haus schon seit längerem. Der Blick auf andere existierende Jüdische Museen zeigt die Vielzahl der möglichen Ausgestaltungen.

Da gibt es etwa das Prinzip der vorrangigen Wechselausstellungen, wofür das Jüdische Museum in Wien ein Beispiel ist. Untergebracht in dem klassizistischen Stadtpalais des jüdischen Bankiers und Mäzens Bernhard Eskeles, zeigt es auf dem kleineren Teil seiner Ausstellungsfläche die Bestände seiner Sammlungen, ansonsten gibt es wechselnde Expositionen zu speziellen Themen, durchweg sorgfältig gemacht und anziehend auch für ein breites Publikum.

Das Jüdische Museum in Paris, heute mit Sitz in einem Adelspalais des Stadtviertels Marais, nahe dem alten ostjüdischen Quartier rund um die Rue des rosiers, ist zur Hälfte eine reine Kunstsammlung. Mit ausgewählten Arbeiten jüdischer Künstler zu speziell jüdischen Themen umgeht sie elegant die etwas heikle Frage, ob es das denn überhaupt gibt, eine besondere jüdische Kunst. Die räumliche Nähe zum Musée Picasso, zu den modernen Sammlungen des Centre Pompidou und zum Stadtmuseum Musée Carnevalet wurde bei der Konzeption offensichtlich mitbedacht.

Das Jüdische Museum in Prag umfasst heute ein halbes Stadtviertel, den moldauwärts gelegenen Teil von Josefov. Es gehören dazu: vier Synagogalgebäude, das jüdische Rathaus und der alte jüdische Friedhof. Die reichhaltigen Sammlungsbestände verdanken sich einem schaurigen Anlass: Der

Im fünften und letzten »Void«: Betonwände reichen vom Boden bis zum Dach, der leere Raum dazwischen steht für die Abwesenheit der vertriebenen und ermordeten Juden. Den Boden bedeckt »Gefallenes Laub« (Shalechet), so der Name des Kunstwerkes von Menashe Kadishman.

deutsche SS-Führer Heinrich Himmler ließ an Kultgegenständen alles zusammentragen, dessen seine Leute habhaft werden konnten; er wollte nach dem gewonnenen Krieg ein Museum des vernichteten Weltjudentums eröffnen. Wie man weiß, endete sein Krieg mit der wohlverdienten Niederlage. Nunmehr werden in drei Synagogen verschiedene Aspekte der jüdischen Geschichte illustriert, wobei es zumal um die Geschichte der böhmischen Judenheit geht. In der letzten Synagoge des Rundgangs sind die weißen Innenwände ausschließlich bedeckt mit den Namen und Daten von Ermordeten. Es ist ein beklemmender Anblick.

Zwischen den hier geschilderten Möglichkeiten entscheiden sich die meisten jüdischen Museen der Welt. Fast alle bedienen sich historischer Gebäude, die ihre eigene Geschichte und Authentizität besitzen: das einstige jüdische Bürgerhaus mit einer Mikwe, einem Ritualbad, wie in Fürth, Synagogalgebäude wie in Amsterdam, das einstige Stadtpalais jüdischer Familien wie in Frankfurt am Main.

Auch Berlin besaß früher ein jüdisches Museum. Es eröffnete, makaber genug, genau sechs Tage vor der Bestallung Adolf Hitlers zum deutschen Reichskanzler, am 24. Januar 1933, und bestand bis zum Jahre 1938. Seine Adresse war die Oranienburger Straße im Bezirk Mitte. An der gleiche Straße befindet sich heute, in den Ruinen der alten Synagoge, das Centrum Judaicum, eine museale Einrichtung auch dies, mit Einweisungen in Religion und Kultus, in den jüdischen Jahresablauf, vorgestellt durch entsprechende Exponate.

In Daniel Libeskinds Bau probiert man das gesamte Spektrum der hier aufgezählten musealen Möglichkeiten. Es zeigt eine Dauerausstellung, es verfügt über eine Kunstsammlung, es wird wechselnden Präsentationen anbieten. Erzählt wird die Geschichte der Berliner Judenheit als Teil der Geschichte der deutschen Judenheit, die sich wiederum als Teil der Geschichte des gesamten Volkes Israel darstellt. Private Schicksale werden vorgewiesen. Man verwendet inszenierte Räume, wie sie die Architektur nahe legt, die selber inszenierter Raum ist. Es gibt Installationen und Environments. Es gibt eine Bibliothek, ein Restaurant, es ist Platz für Studien, für Symposien, für Veranstaltungen überhaupt.

Ende

Im Grundgeschoss des Jüdischen Museums stellt ein Gang den Weg ins Exil nach, ein anderer, ihn kreuzend, den Weg in die Vernichtung. Sie wird wiedergegeben durch einen leeren Raum, Libeskind spricht von voided void (Bild Heftrückseite). Betonener Fußboden und betonene Wände. Der Raum ist sehr hoch. Er hat einen dreieckigen Grundriss. Er läuft auf eine Spitze zu. Er hat kein Fenster, bloß, im obersten Abschnitt der Spitze, einen schmalen Spalt zur Außenwelt hin, durch den Licht einfallen kann. Der Besucher, so ist es vorgesehen, soll diesen Raum allein betreten und dann allein in ihm bleiben. Der Lichtspalt lässt viel Helligkeit ein, wenn es draußen sonnig ist. Der Lichtspalt füllt den Raum mit Dämmerung, wenn der Himmel draußen trüb ist. Die Eingangstür wirkt unscheinbar. Sie scheint ein Verlassen des Raumes zu verweigern. In einer Ecke hängt an der Wand eine metallene Leiter, zu hoch, um sie ohne Hilfsmittel erreichen zu können, es gibt kein solches Hilfsmittel, die Leiter ist ein sinnloser technischer Notbehelf, eine Installation, ein Gleichnis für vergebliche Anstrengungen zur Flucht. Außer der Helligkeit dringt von draußen Geräusch ein, Verkehrslärm, Schritte, Stimmen von Erwachsenen, von spielenden Kindern: alles sehr deutlich, dabei gnadenlos weit fort. Der Raum versucht nichts zu simulieren. Der Raum ist, wie er ist: riesig, eng, abgetrennt, endgültig, kahl. Es gibt keine ästhetische Entsprechung für den Holocaust. Dieser Raum hat keine Ästhetik. Dieser Raum ist der Holocaust.

Personen und Firmen rund um das Jüdische Museum

Architekt
Daniel Libeskind, geboren 1946 in Lodz, Polen. Musikstudium in Israel. Ab 1965 Architekturstudium an der Cooper Union in New York. Er leitet in Berlin das Architekturbüro Studio Libeskind.
Bauten und Projekte (Auswahl):
Jüdisches Museum Berlin (Wettbewerb 1989/Bau 1992–98); Berlin Alexanderplatz – städtebaulicher Wettbewerb 1993 (2. Preis); Sachsenhausen/Oranienburg: Entwurf zum ehemaligen Gelände der SS-Kaserne (Wettbewerb 1993, Sonderpreis); Erweiterung des Victoria & Albert Museum London (Wettbewerb 1996, 1. Preis); Felix-Nussbaum-Haus Osnabrück (Wettbewerb 1995; Bau-Fertigstellung 1998); Jüdisches Museum San Francisco (Baubeginn geplant 2000).

Direktor
W. Michael Blumenthal, geboren 1926 in Oranienburg. 1939 Emigration nach Schanghai. Seit 1947 in den USA. Erfolgreicher Manager. Unter Präsident Kennedy wurde er Wirtschaftsberater des Außenministers. 1977–1979 unter Präsident Carter Finanzminister der USA.

Jüdisches Museum Berlin
Lindenstr. 9–14, 10969 Berlin
Tel./Fax. (030) 25 993-300/-409
Mail: info@jmberlin.de
fuehrungen@jmberlin.de
Website: www.jmberlin.de

Öffnungszeiten:
Montag 10 –22 Uhr
Die–So 10 –20 Uhr

Gesellschaft der Freunde und Förderer
Tel.: 030/25 99 34 36
E-Mail: fundraising@jmberlin.de

CEDON MuseumShops
Mo-So 9.30 – 20.30 Uhr
www.cedon.de

Restaurant Liebermanns
Montag 9.30 – 22 Uhr
Di–So 9.30 – 20.30 Uhr
www.liebermanns.de

Bauleitung
ARGE Beusterien Lubic, Berlin
Alexander Lubic
Projektleitung: Stefan Woehrlin, Frank Bertram, Andrea Hofmann

Bauherr
Senatsverwaltung für Bauen und Verkehr

Bauherr/Projektsteuerung/örtl. Bauleitung
Senatsverwaltung für Stadtentwicklung
Projektgruppenleiter: Herr Dechéne

Tragwerksplanung
GSE Ingenieur-Gesellschaft mbH, Saar, Enseleit und Partner, Berlin

Bauphysik
CRP Ingenieurgemeinschaft Cziesielski, Ruhnau + Partner GmbH, Berlin

Klima–Lufttechnik
KLIMABAU Gesellschaft für lufttechnische Anlagen mbH, Frankfurt am Main

Brandschutz
HHP Berlin, Berlin

Gartenanlagen
C. Müller, J. Wehberg in MKW, Berlin
KNIPPSCHILD & SIMONS Bauüberwachung für MKW, Berlin

Natursteinrestaurierung Fassade
Ellwart Steinrestaurierung GmbH & Co. KG, Berlin

Metallische Gesamthülle
Rheinzink GmbH & Co. KG, Datteln

Stahl-Glas-Fassade, Verglasung, Fensterbau
Lacker GmbH & Co.KG, Waldachtal
Trube & Kings Metallbaugesellschaft mbH, Uersfeld

Verglasungsarbeiten
Erwin Jahns Glasbau GmbH, Berlin

Parkettarbeiten Hein GmbH, Everswinkel

Bodenbelags-/Estricharbeiten
Berliner Ausbau GmbH, Berlin

Brandschutztüren
Hodapp GmbH & Co.KG, Achern-Großweier

Vitrinenbau/Museumseinrichtungen
Schöninger Vitrinenbau GmbH, Eching/München

Metallbauarbeiten
Otto Vogel Bühnenanlagen & Service GmbH, Berlin

Gerüstbauarbeiten
»module« Spezial-Gerüstbau GmbH, Berlin

Beratung Planung Controlling des passiven aktiven Netzwerkes
Datennetze in Berlin e. Kfm., Schildow/Berlin

Glasfaser-, Daten- und Netzwerktechnik
SysKom Kommunikationstechnik GmbH, Berlin

ZAHLEN ZUM JÜDISCHEN MUSEUM

Bruttogeschossfläche	10 000 qm
Ausstellungsfläche	ca. 4 500 qm
Fassadenverkleidung:	Titanzinkblech
Baukosten:	ca. 61 Mio. €
Bauzeit:	1993–1999
Grundsteinlegung:	9.11.1992
Richtfest:	5.5.1995
Bauübergabe:	22.1.1999
Eröffnung des Museums:	Herbst 2001

Rückseite – Das Ende: Wer im Holocaust-Turm steht, sieht, dass es Licht gibt, hört, dass es Leben gibt, und spürt, wie unerreichbar beide waren für jene, die ihrer Vernichtung entgegensahen.

Die Neuen Architekturführer Nr. 2 (1999)
Sechste Auflage 2003
Stadtwandel Verlag Daniel Fuhrhop
Berlin

Fotos: S.23 Marion Roßner, S.27 Jens Ziehe,
alle anderen: Florian Bolk
Text: Rolf Schneider
Lektorat: Volker Bormann
Zeichnungen: Friederike Arck
Koordination: Astrid Kaspar
Grafik-Konzept: Dorén + Köster, Berlin
Satz/Lithos: LVD GmbH, Berlin
Druck: Ruksaldruck, Berlin

Stadtwandel Verlag

Solmsstraße 22, 10961 Berlin
tel/fax: 030-695 048-12/-13
info@stadtwandel.de
www.stadtwandel.de
VN: 10432

Preis: 3 Euro

ISBN 3-933743-63-X

Alle Rechte vorbehalten.
Rechte der Zeichnungen liegen bei den Architekten.

Die Neuen Architekturführer

Schaffen Sie sich Freiraum mit der Bibliothek der Neuen Architekturführer

Architekturbücher und Zeitschriften nehmen viel Platz weg und sind nicht gerade ideale Begleiter für unterwegs.
Jetzt gibt es die *Neuen Architekturführer:* die komplette Bibliothek mit derzeit 50 Bänden passt problemlos auf den Schreibtisch. Jedes Jahr erscheinen zehn neue Bände. Jeder einzelne findet in einer Jackentasche Platz. So sind die *Neuen Architekturführer* gute Begleiter für unterwegs, und zuhause oder im Büro immer griffbereit für kompakte Informationen.
Jeder Bau wird durch begeisternde Fotos und kompetente Texte vorgestellt, mit Fakten und Plänen: *Jüdisches Museum, Reichstag* und viele weitere Bauten.
Unter *www.stadtwandel.de* finden Sie eine aktuelle Übersicht, und können die Bibliothek günstig bestellen.

Diese Bibliothek passt auf jeden Schreibtisch

Themenpakete
4–6 Bände
ab 8,- €

Einzelbände
24–68 Seiten
2,50 – 5,- €

www.stadtwandel.de

Jüdisches Museum Berlin

9783933743633.3